Tom Tierney

Tom Tierney

Laura Welch Bush
(1)

George Walker Bush
(1)

PLATE 1

PLATE 2

L1

G1

PLATE 3

L1

G1

PLATE 4

G1

G1

Barbara (1)

Jenna (1)

PLATE 5

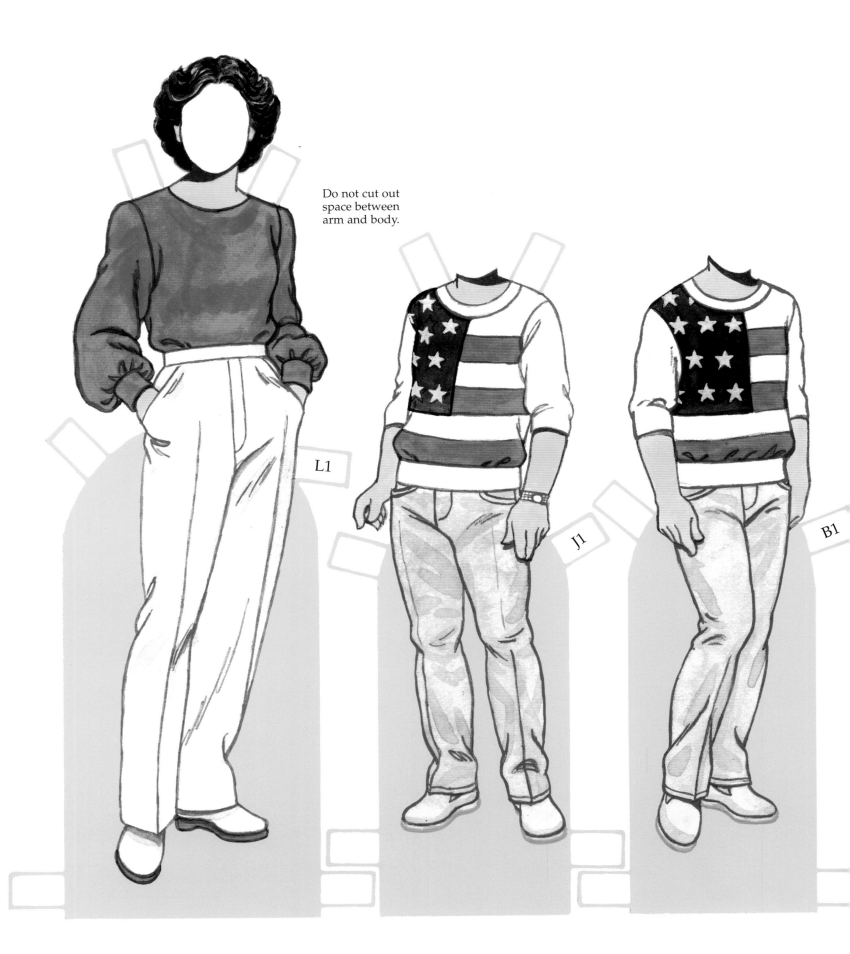

Do not cut out space between arm and body.

L1

J1

B1

PLATE 6

George W. Bush
(2)

Laura Welch Bush
(2)

PLATE 7

G2

L2

PLATE 8

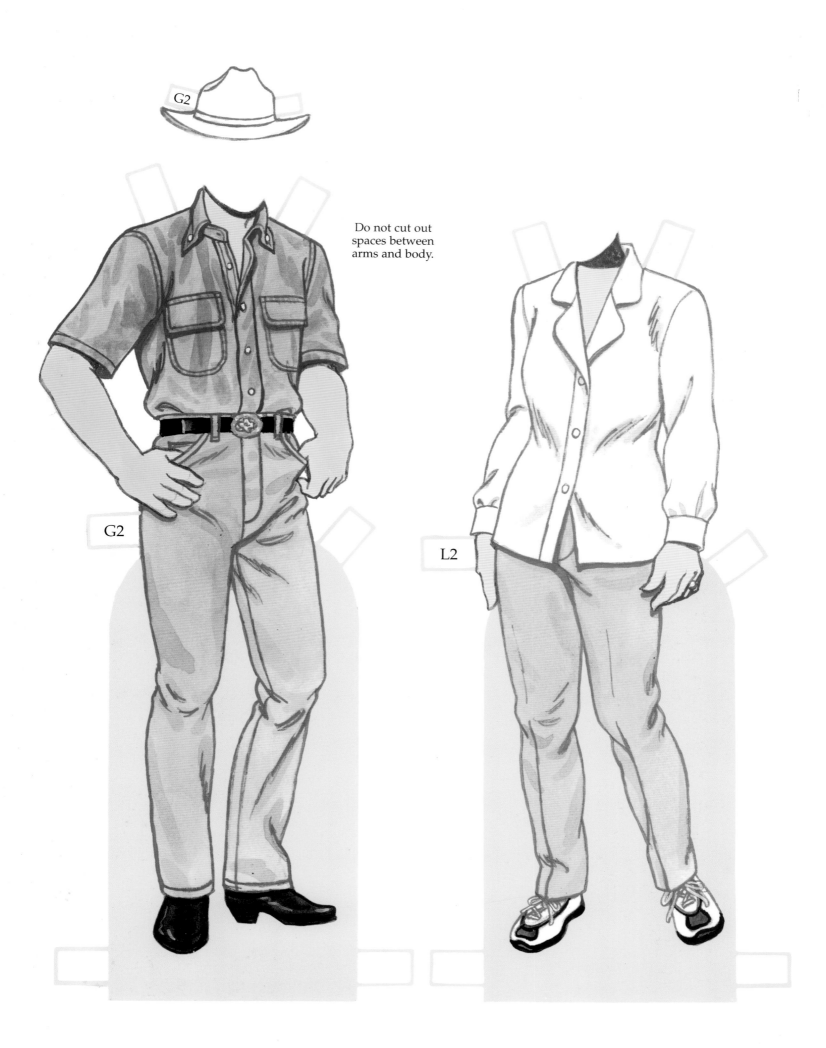

G2

Do not cut out
spaces between
arms and body.

G2

L2

PLATE 9

L2

L2

PLATE 10

G2

L2

PLATE 11

Do not cut out space between arm and body.

G2

L2

PLATE 12

Barbara (2)

Jenna (2)

PLATE 13

G2

L2

PLATE 14

L2

L2

PLATE 15

L2

L2

PLATE 16